Impressum
Verlag: BABADADA GmbH, Nedderfeld 112 , 22529 Hamburg
Geschäftsführer / Verlagsleitung: Harald Hof
Druck: Books on Demand GmbH, In de Tarpen 42, 22848 Norderstedt

Imprint
Publisher: BABADADA GmbH, Nedderfeld 112 , 22529 Hamburg, Germany
Managing Director / Publishing direction: Harald Hof
Print: Books on Demand GmbH, In de Tarpen 42, 22848 Norderstedt

escola

skola

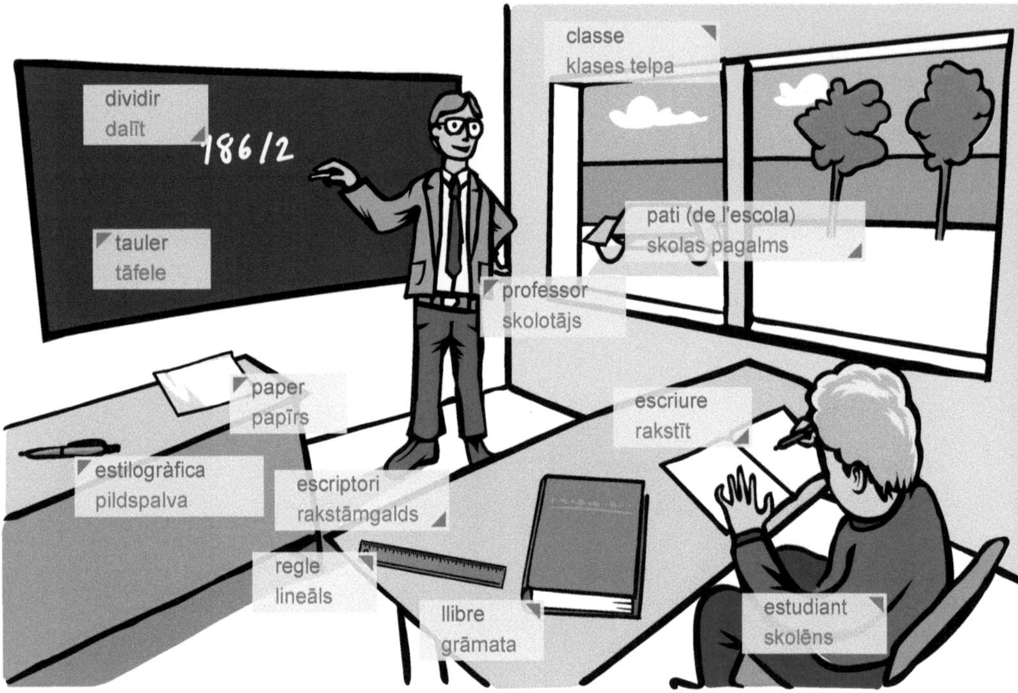

classe
klases telpa
dividir
dalīt
186/2
pati (de l'escola)
skolas pagalms
tauler
tāfele
professor
skolotājs
paper
papīrs
escriure
rakstīt
estilogràfica
pildspalva
escriptori
rakstāmgalds
regle
lineāls
llibre
grāmata
estudiant
skolēns

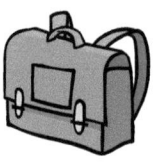

bossa

skolas soma

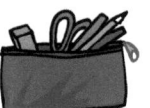

estoig

penālis

llapis

zīmulis

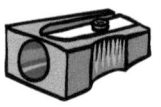

maquineta de fer punta

zīmuļu asināmais

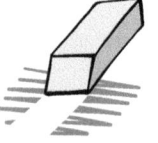

goma

dzēšgumija

bloc de dibuix

zīmēšanas bloks

dibuix

zīmējums

pinzell

ota

capsa de pintures

krāsas

tisores

šķēres

cola

līme

quadern d'exercicis

darba burtnīca

deures

mājas darbs

nombre

skaitlis

afegir

saskaitīt

sostreure

atņemt

multiplicar

reizināt

calcular

rēķināt

lletra

burts

alfabet

alfabēts

mot

vārds

text

teksts

llegir

lasīt

guix

krīts

lliçó

mācību stunda

llibre de classe

žurnāls

examen

eksāmens

certificat

liecība

uniforme escolar

skolas forma

formació

izglītība

enciclopèdia

enciklopēdija

universitat

universitāte

microscopi

mikroskops

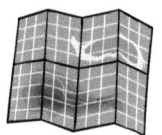

mapa

karte

paperera

papīrgrozs

4

escola - skola

viatge
ceļojums

hotel
viesnīca
Grand
alberg
hostelis
ROOMS
EXCHANGE
oficina de canvi
valūtas maiņas punkts
maleta
čemodāns
automòbil
automašīna

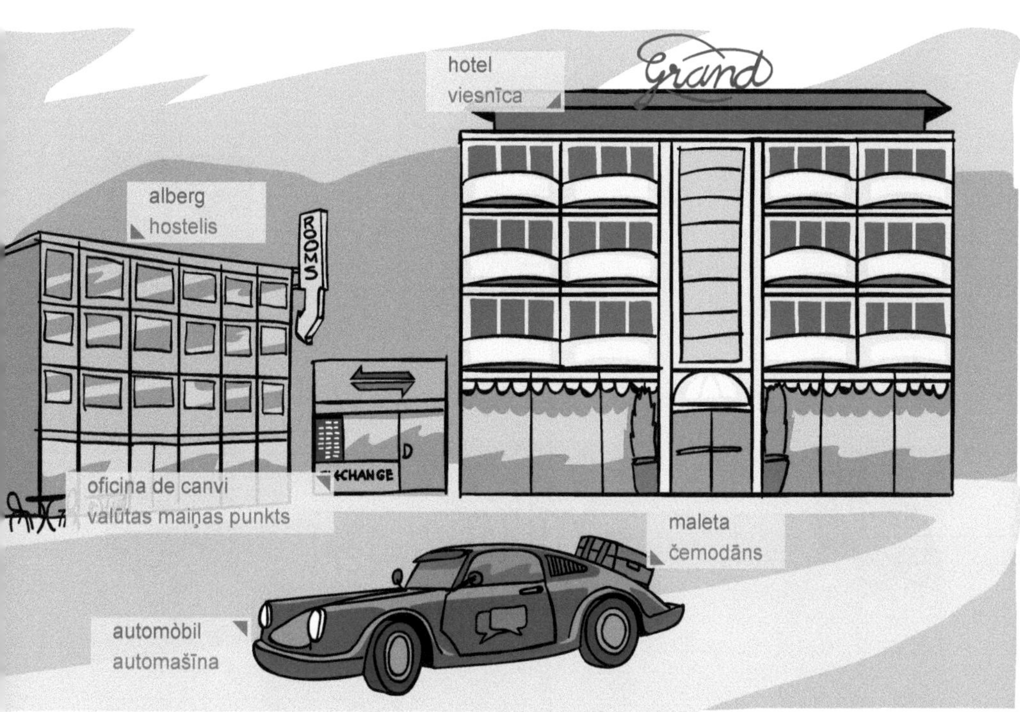

llengua
Valoda

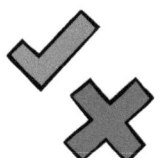

sí / no
jā / nē

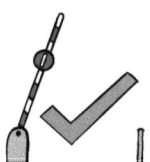

D'acord
Okay

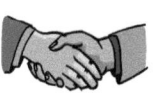

Ey!
Sveiki!

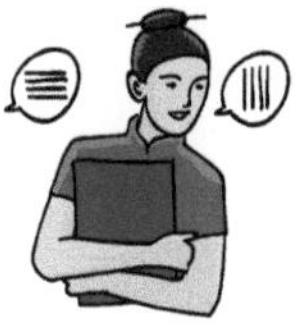

traductora
tulks

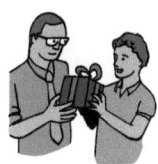

gràcies
paldies

Quant costa… ?

Cik maksā…?

No entenc

Es nesaprotu

problema

problēma

Bona nit!

Labvakar!

bon dia!

Labrīt!

bona nit!

Ar labu nakti!

fins aviat

Uz redzēšanos

direcció

virziens

bagatge

bagāža

bossa

soma

sarrona

mugursoma

convidat

viesis

cambra

istaba

sac de dormir

guļammaiss

tenda

telts

oficina de turisme

tūrisma informācija

platja

pludmale

carta de crèdit

kredītkarte

esmorzar

brokastis

dinar

pusdienas

sopar

vakariņas

bitllet

biļete

ascensor

lifts

segell

pastmarka

frontera

robeža

duana

muita

ambaixada

vēstniecība

visat

vīza

passaport

pase

transport
transports

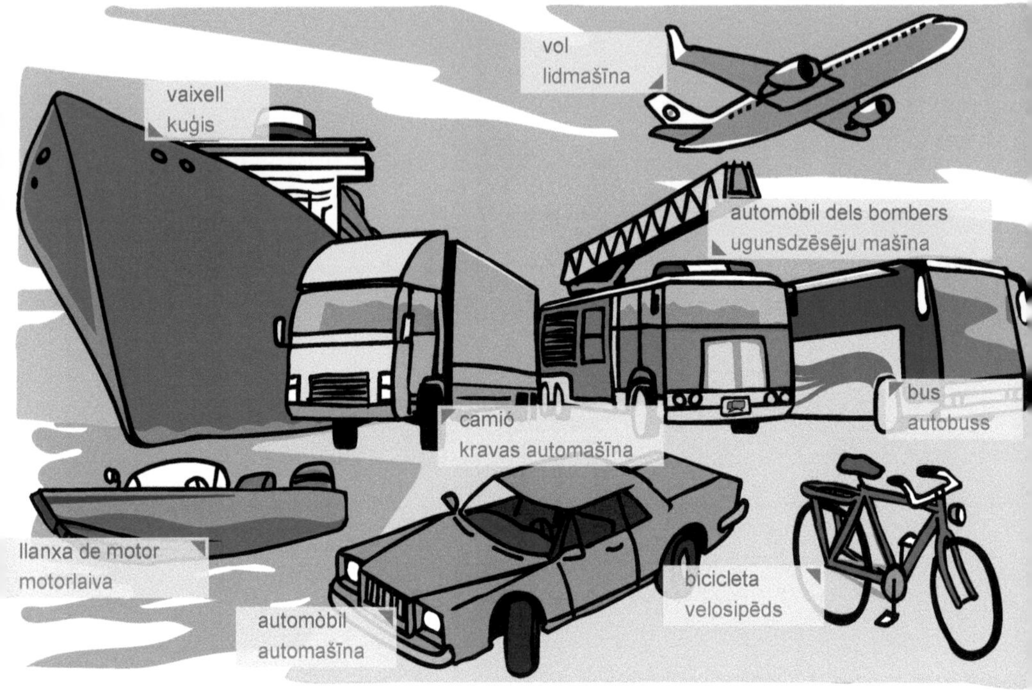
vol
lidmašīna
vaixell
kuģis
automòbil dels bombers
ugunsdzēsēju mašīna
bus
autobuss
camió
kravas automašīna
llanxa de motor
motorlaiva
bicicleta
velosipēds
automòbil
automašīna

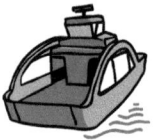

transbordador

prāmis

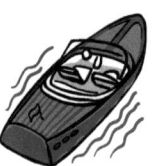

barca

laiva

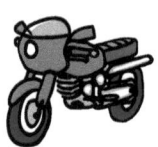

moto

motocikls

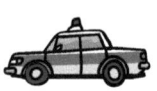

automòbil de policia

policijas automašīna

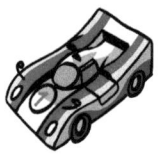

automòbil de curses

sacīkšu automobilis

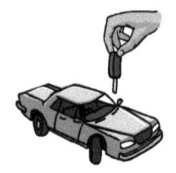

automòbil de lloguer

nomas auto

vehicle compartit

auto koplietošana

grua

evakuators

camió de les escombraries

atkritumu mašīna

motor

dzinējs

benzina

benzīns

benzineria

degvielas uzpildes stacija

senyal de trànsit

ceļa zīme

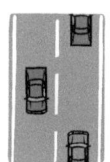

trànsit

satiksme

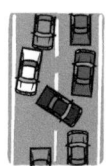

embús

sastrēgums

aparcament

stāvvieta

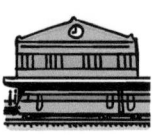

estació de trens

dzelzceļa stacija

vies

sliedes

tren

vilciens

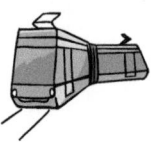

tramvia

tramvajs

vagó

vagons

helicòpter

helikopters

aeroport

lidosta

torre

tornis

passatger

pasažieris

contenidor

konteiners

capsa de cartó

kaste

carretó

ratiņi

cistella

grozs

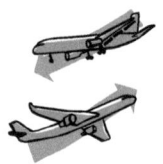

enlairar-se / aterrar

pacelties / nosēsties

ciutat

pilsēta

poble

ciems

centre de la ciutat

pilsētas centrs

casa

māja

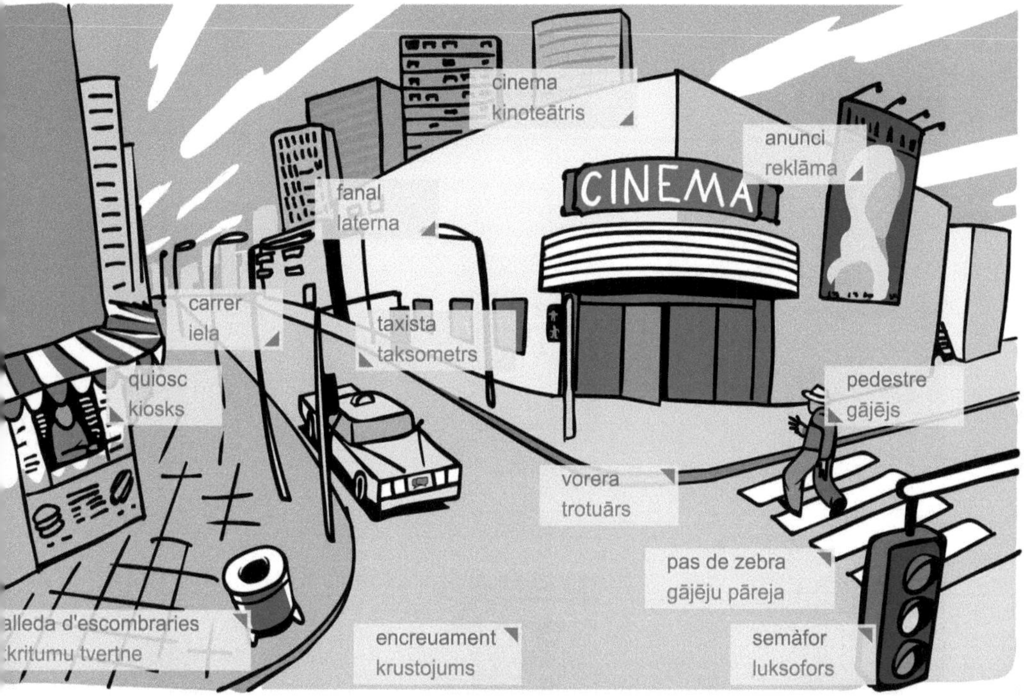
cinema
kinoteātris
CINEMA
anunci
reklāma
fanal
laterna
carrer
iela
taxista
taksometrs
quiosc
kiosks
pedestre
gājējs
vorera
trotuārs
pas de zebra
gājēju pāreja
alleda d'escombraries
kritumu tvertne
encreuament
krustojums
semàfor
luksofors

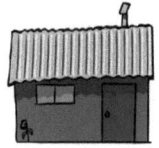

cabana

būda

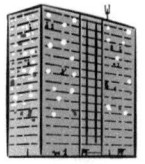

apartament

dzīvoklis

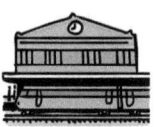

estació de trens

dzelzceļa stacija

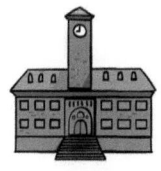

casa de la vila-ciutat

rātsnams

MUSEUM

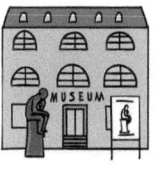

museu

muzejs

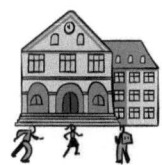

escola

skola

universitat	banca	hospital
universitāte	banka	slimnīca

hotel	farmàcia	oficina
viesnīca	aptieka	birojs

llibreria	botiga	floristeria
grāmatnīca	veikals	ziedu veikals

supermercat	mercat	gran magatzem
lielveikals	tirgus	tirdzniecības centrs

peixateria	centre comercial	port
zivju tirgotājs	tirdzniecības centrs	osta

parc

parks

banc

sols

pont

tilts

escala

kāpnes

metro

metro

túnel

tunelis

parada d'autobús

autobusa pieturvieta

bar

bārs

restaurant

restorāns

bústia de correu

pastkastīte

senyal indicador

ielas nosaukuma plāksne

parquímetre

stāvlaika skaitītājs

zoo

zooloģiskais dārzs

piscina

peldbaseins

mesquita

mošeja

granja
zemnieku saimniecība

pol·lució
vides piesārņojums

cementiri
kapsēta

església
baznīca

parc infantil
spēļu laukums

temple
templis

paisatge
ainava

fulla
lapa

cartell indicador
ceļrādis

camí
ceļš

prat
pļava

pedra
akmens

arbre
koks

excursionista
ceļotājs

riu
upe

gespa
zāle

flor
puķe

vall	muntanya	llac
ieleja	kalns	ezers
	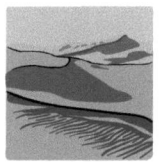	
bosc	desert	volcà
mežs	tuksnesis	vulkāns

castell	arc de Sant Martí	bolet
pils	varavīksne	sēne

palmera	moscard	mosca
palma	moskīts	muša

formiga	abella	aranya
skudra	bite	zirneklis

escarabat
vabole

granota
varde

esquirol
vāvere

eriçó
ezis

llebre
zaķis

òliba
pūce

ocell
putns

cigne
gulbis

senglar
meža cūka

cervo
briedis

ant
alnis

presa
aizsprosts

turbina
vēja ģenerators

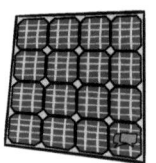

panell solar
saules baterija

clima
klimats

restaurant
restorāns

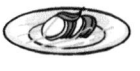

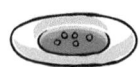

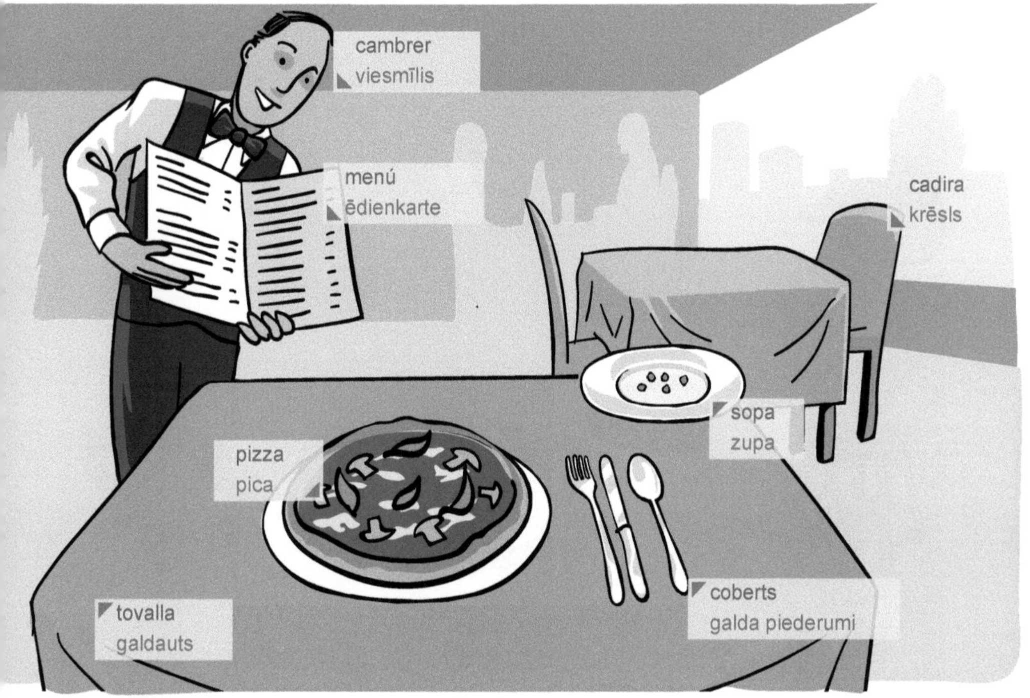
cambrer
viesmīlis
menú
ēdienkarte
cadira
krēsls
sopa
zupa
pizza
pica
coberts
galda piederumi
tovalla
galdauts

primer plat

uzkoda

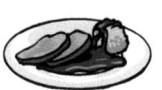

plat principal

pamatēdiens

darreries

deserts

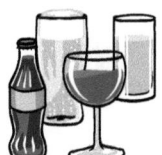

begudes

dzērieni

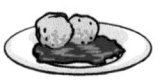

menjar

ēdiens

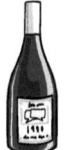

ampolla

pudele

menjar ràpid

ātrās uzkodas

menjar de carrer

ielu uzkodas

tetera

tējkanna

sucrer

cukurtrauks

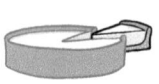

porció

porcija

màquina d'espresso

espresso kafijas automāts

trona

bāra krēsls

factura

rēķins

plata

paplāte

ganivet

nazis

forqueta

dakša

cullera

karote

cullereta

tējkarote

tovalló

salvete

got

glāze

restaurant - restorāns

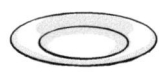

plat

šķīvis

plat de sopa

zupas šķīvis

plateret

apakštase

salsa

mērce

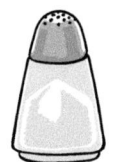

saler

sāls trauciņš

molinet de pebre

piparu dzirnaviņas

vinagre

etiķis

oli

eļļa

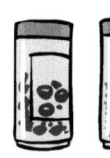

espècies

garšvielas

quètxup

kečups

mostassa

sinepes

maionesa

majonēze

supermercat
lielveikals

oferta especial
piedāvājums
FOR
client
klients
productes lactis
piena produkti
fruites
augļi
carret de la compra
iepirkumu ratiņi

BUTCHERS

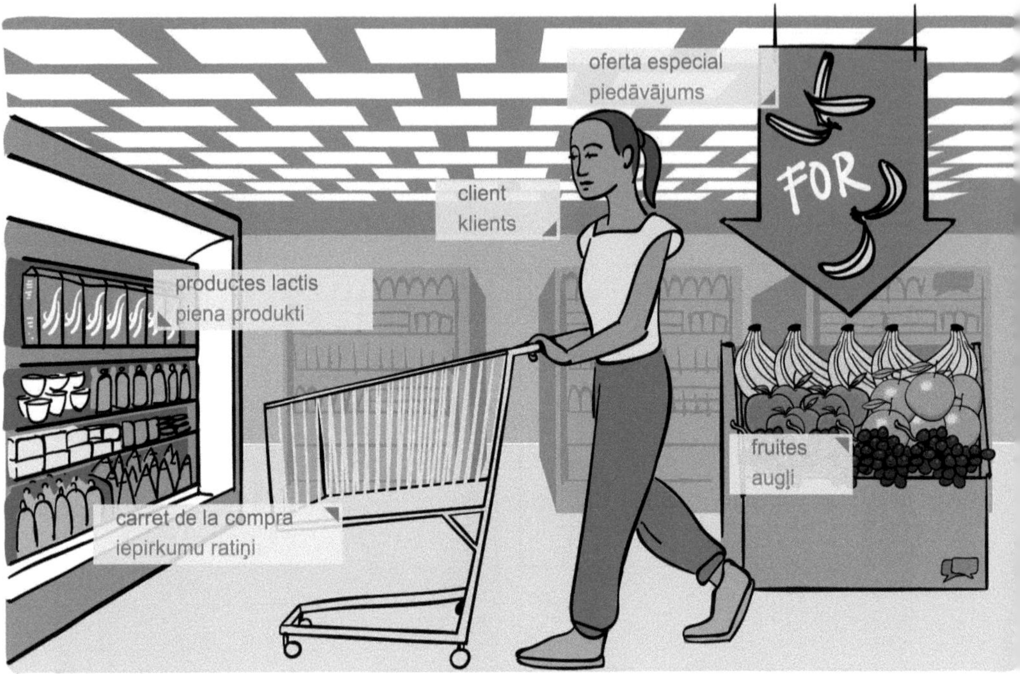

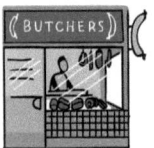

carnisseria

kautuve

BAKERY

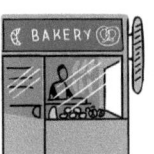

forn de pa

maizes veikals

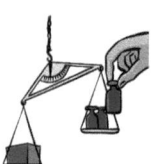

pesar

svērt

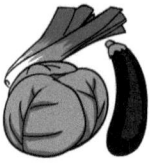

verdures

dārzeņi

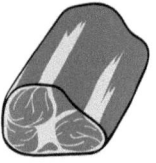

carn

gaļa

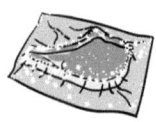

menjar congelat

saldēti produkti

carn freda

aukstās gaļas uzkodas

conserves

konservi

detergent en pols

pulveris

dolços

saldumi

articles domèstics

mājsaimniecības preces

productes de neteja

tīrīšanas līdzeklis

venedora

pārdevēja

caixa registradora

kase

caixera

kasieris

llista de la compra

iepirkumu saraksts

horari d'obertura

darba laiks

portamonedes

maks

carta de crèdit

kredītkarte

bossa

soma

bossa de plàstic

maisiņš

aigua
ūdens

suc
sula

llet
piens

coca-cola
kola

vi
vīns

cervesa
alus

alcohol
alkohols

cacau
kakao

te
tēja

cafè
kafija

espresso
espresso

cappuccino
kapučīno

banana

banāns

poma

ābols

taronja

apelsīns

síndria

melone

llimona

citrons

pastanaga

burkāns

all

ķiploks

bambú

bambuss

ceba

sīpols

bolet

sēne

avellanes

rieksti

fideus

makaroni

espaguetis

spageti

arròs

rīsi

amanida

salāti

patates fregides

frī kartupeļi

patates fregides

cepti kartupeļi

pizza

pica

hamburguesa

hamburgers

entrepà

sviestmaize

escalopa

šnicele

cuixot

šķiņķis

salami

salami

salsitxa

desa

pollastre

vista

rostit

cepetis

peix

zivs

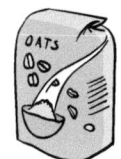

flocs de civada
....
auzu pārslas

musli
....
muslis

cereals
....
brokastu pārslas

farina
....
milti

croissant
....
radziņš

panet
....
brokastu maizītes

pa
....
maize

torrada
....
tostermaize

bescuits
....
cepumi

mantega
....
sviests

mató
....
biezpiens

pastís
....
kūka

ou
....
ola

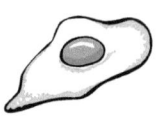

ou fregit
....
cepta ola

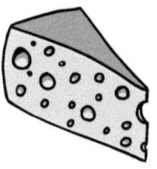

formatge
....
siers

menjar - ēdiens

gelat

saldējums

sucre

cukurs

mel

medus

melmelada

marmelāde

crema de xocolata

riekstu krēms

curri

karijs

granja
zemnieku saimniecība

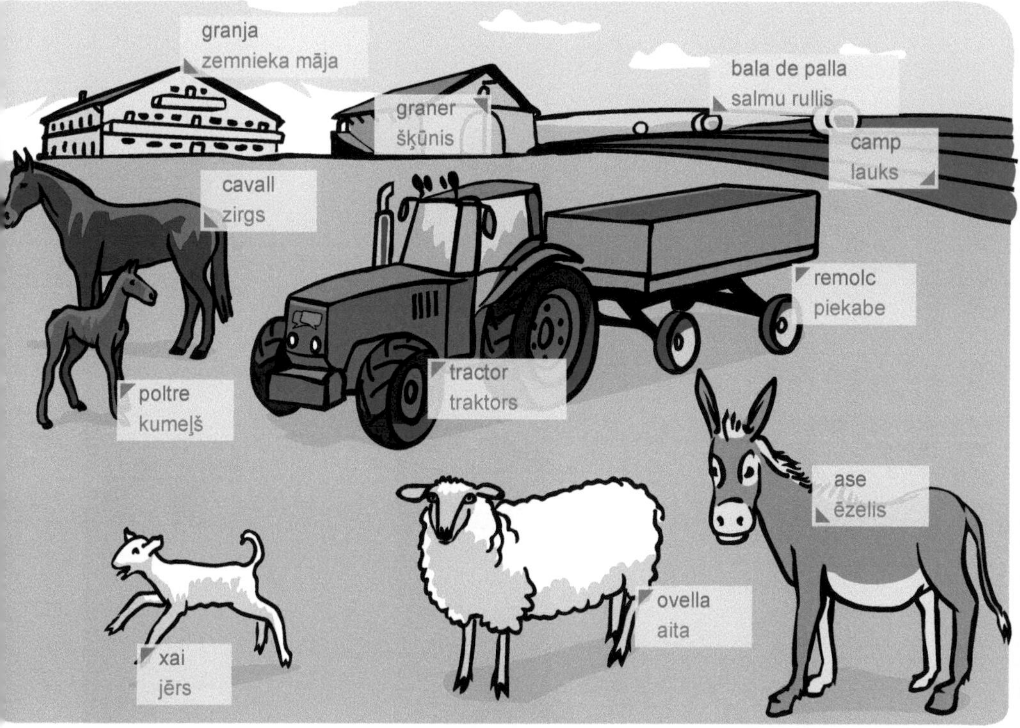
granja
zemnieka māja
graner
šķūnis
bala de palla
salmu rullis
camp
lauks
cavall
zirgs
remolc
piekabe
poltre
kumeļš
tractor
traktors
ase
ēzelis
ovella
aita
xai
jērs

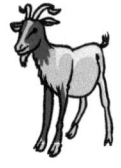

cabra

kaza

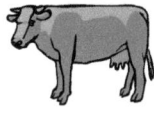

vaca

govs

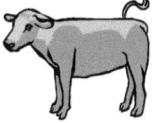

vedella

teļš

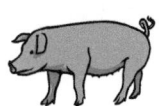

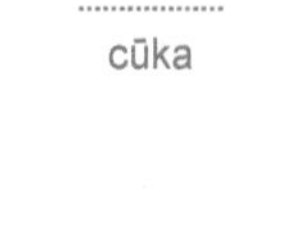

porc

cūka

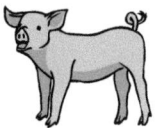

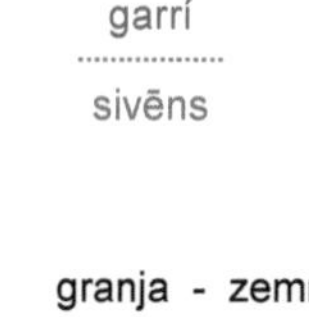

garrí

sivēns

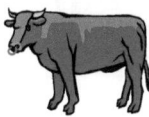

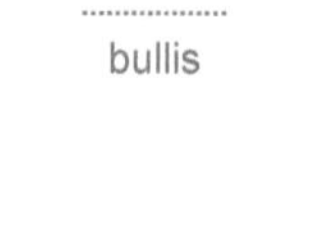

bou

bullis

oca
......
zoss

ànec
......
pīle

poll
......
cālis

gall
......
vista

gallina
......
gailis

rata
......
žurka

gat
......
kaķis

ratolí
......
pele

bou
......
vērsis

gos
......
suns

gossera
......
suņa būda

mànega de regar
......
dārza šļūtene

regadora
......
lejkanna

dalla
......
izkapts

arada
......
arkls

falç
sirpis

aixada
kaplis

forca
mēslu dakša

destral
cirvis

carretó
ķerra

abeurador
sile

lletera
piena kanna

sac
maiss

tanca
žogs

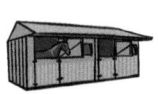

establa
kūts

hivernacle
siltumnīca

sòl
augsne

llavor
sēklas

adob
mēslojums

collidora
kombains

granja - zemnieku saimniecība

collir

novākt ražu

collita

raža

nyam

jamss

blat

kvieši

soja

soja

patata

kartupelis

blat de moro o d'indi

kukurūza

colza

rapsis

arbre fruiter

augļu koks

mandioca

manioka

cereals

labība

casa
māja

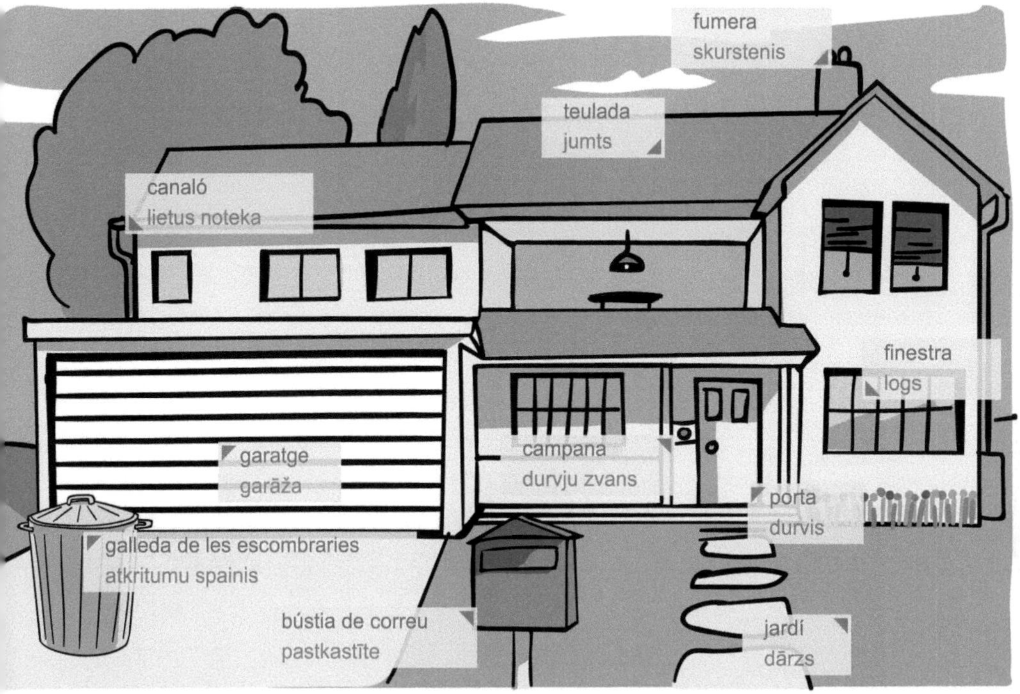

fumera
skurstenis
teulada
jumts
canaló
lietus noteka
finestra
logs
garatge
garāža
campana
durvju zvans
porta
durvis
galleda de les escombraries
atkritumu spainis
bústia de correu
pastkastīte
jardí
dārzs

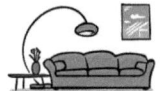

sala d'estar

viesistaba

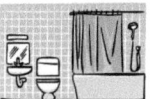

bany

vannas istaba

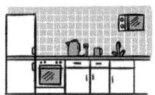

cuina

virtuve

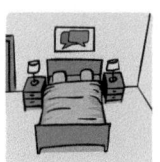

cambra de dormir

guļamistaba

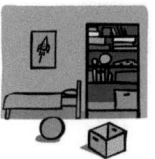

cambra de nen

bērnu istaba

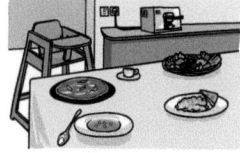

menjador

ēdamistaba

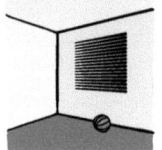

sòl
....
grīda

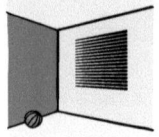

paret
....
siena

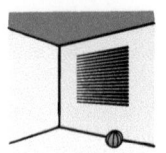

sostre
....
griesti

soterrani
....
pagrabs

sauna
....
sauna

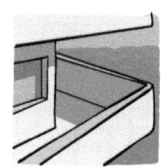

balcó
....
balkons

terrassa
....
terase

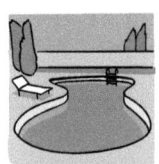

piscina
....
baseins

tallagespa
....
zāles pļāvējs

vànova
....
gultas veļa

cobrellit
....
sega

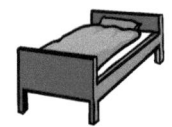

llit
....
gulta

escombra
....
slota

galleda
....
spainis

interruptor
....
slēdzis

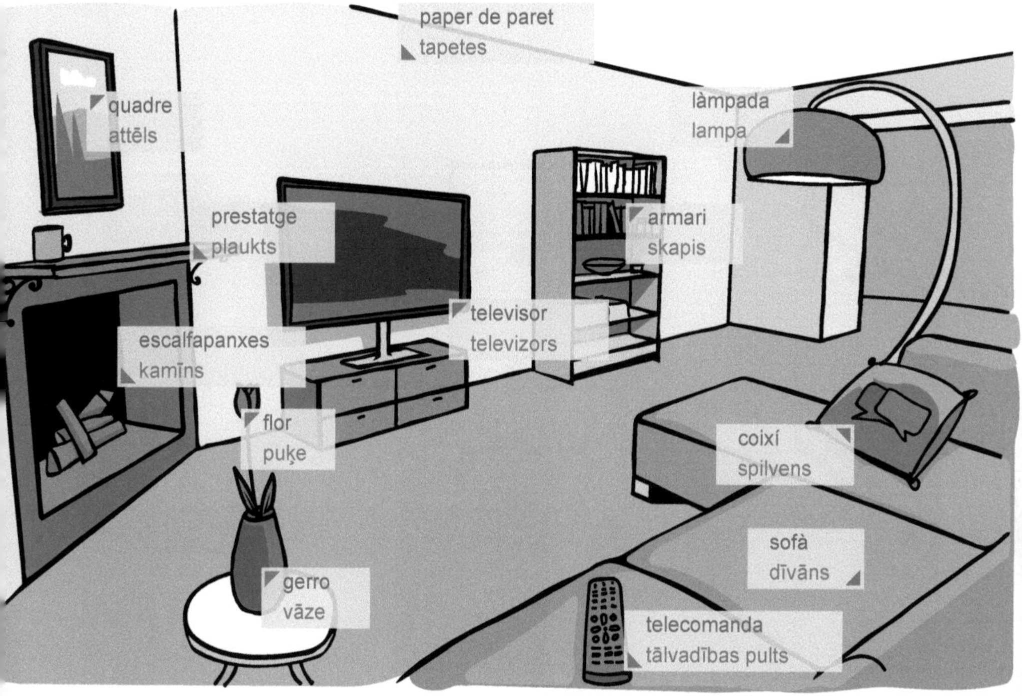

paper de paret
tapetes

quadre
attēls

làmpada
lampa

prestatge
plaukts

armari
skapis

televisor
televizors

escalfapanxes
kamīns

flor
puķe

coixí
spilvens

sofà
dīvāns

gerro
vāze

telecomanda
tālvadības pults

catifa
paklājs

cortina
aizkars

taula
galds

cadira
krēsls

cadira gronxadora
šūpuļkrēsls

cadiral
atpūtas krēsls

llibre

grāmata

llençol

sega

decoració

dekorācija

llenya

malka

film

filma

cadena de música

mūzikas centrs

clau

atslēga

diari

avīze

pintura

glezna

cartell

plakāts

ràdio

radio

bloc de notes

pierakstu blociņš

aspiradora

putekļu sūcējs

cactus

kaktuss

candela

svece

cuina
virtuve

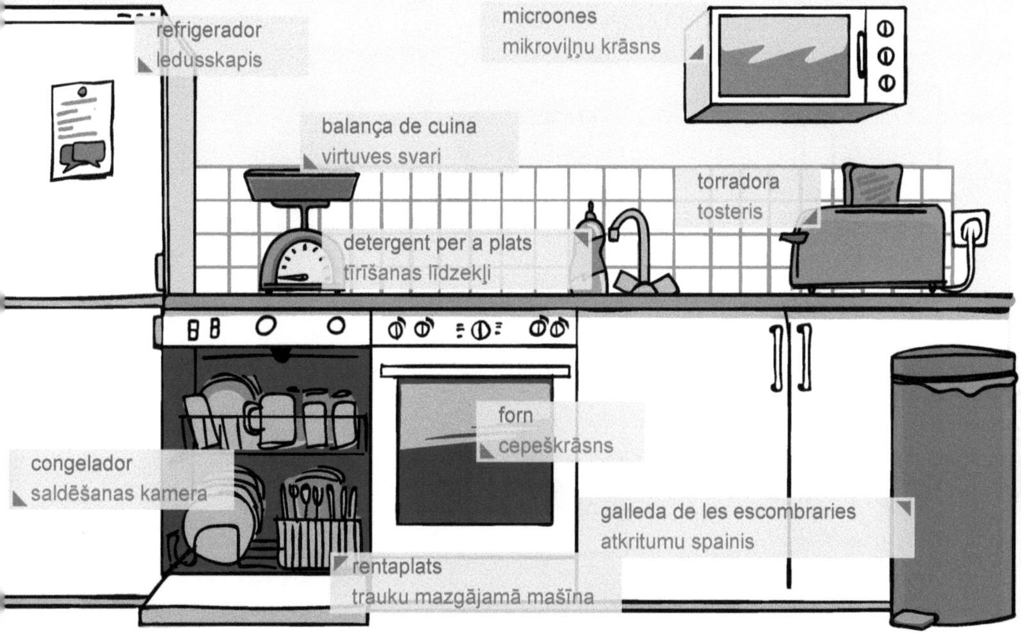

refrigerador
ledusskapis
microones
mikroviļņu krāsns
balança de cuina
virtuves svari
torradora
tosteris
detergent per a plats
tīrīšanas līdzekļi
forn
cepeškrāsns
congelador
saldēšanas kamera
galleda de les escombraries
atkritumu spainis
rentaplats
trauku mazgājamā mašīna

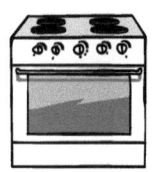

cuina de fogons

plīts

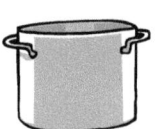

olla

pods

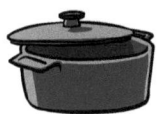

olla de ferro colat

katls

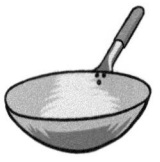

wok / karahi

Wok panna

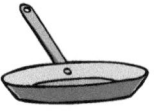

paella

panna

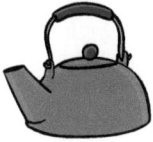

bullidor

elektriskā tējkanna

olla de vapor
....
tvaika katls

plata de forn
....
cepešpanna

vaixella
....
trauki

tassa grossa
....
krūze

bol
....
bļoda

bastonets xinesos
....
irbulīši

culler
....
kauss

espàtula
....
lāpstiņa

batedor
....
putošanas slotiņa

colador
....
sietiņš

sedàs
....
siets

ratllador
....
rīve

morter
....
piesta

barbacoa
....
grilēt

foc a terra
....
atklāts pavards

taula de tallar

dēlis

corró

mīklas rullis

llevataps

korķu vilķis

pot de conserva

bundža

obridor

konservu nazis

agafador

virtuves cimdi

aigüera

izlietne

raspall

birste

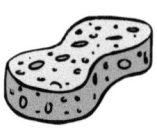

esponja

sūklis

batedora

mikseris

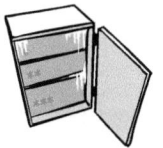

congelador

saldētava

biberó

bērna pudelīte

aixeta

ūdenskrāns

bany

vannas istaba

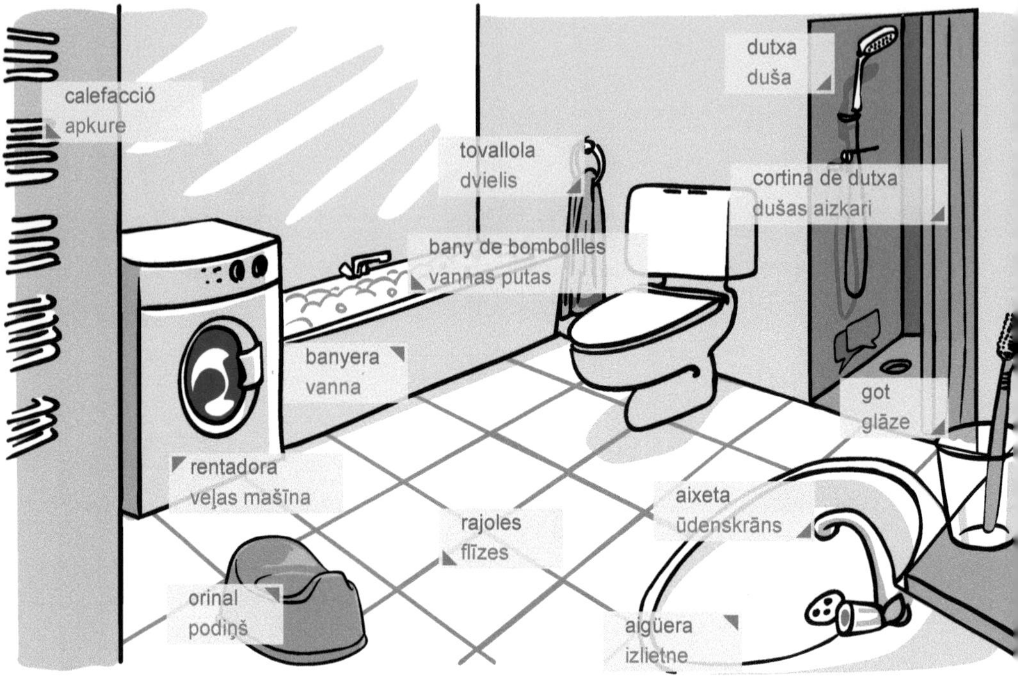
calefacció
apkure
tovallola
dvielis
dutxa
duša
cortina de dutxa
dušas aizkari
bany de bombolles
vannas putas
banyera
vanna
got
glāze
rentadora
veļas mašīna
aixeta
ūdenskrāns
rajoles
flīzes
orinal
podiņš
aigüera
izlietne

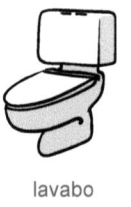

lavabo

tualetes pods

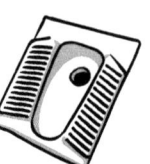

lavabo turc

Āzijas tipa tualete

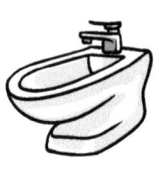

bidet

bidē

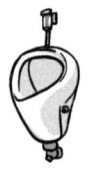

orinador

pisuārs

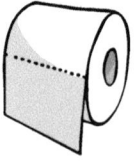

paper higiènic

tualetes papīs

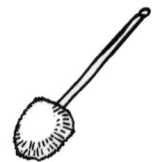

escombreta de sanitari

tualetes birste

raspall de dents

zobu birste

pasta de dents

zobu pasta

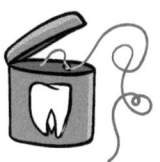

fil dental

zobu diegs

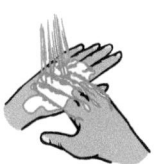

rentar

mazgāt

pom de dutxa

rokas duša

dutxa íntima

duša

rentamans

bļoda

raspall per a l'esquena

muguras mazgāšanas birste

sabó

ziepes

gel de dutxa

dušas želeja

xampú

šampūns

manyopla de bany

mazgāšanas drāna

bonera

noteka

crema

krēms

desodorant

dezodorants

mirall

spogulis

mirall-espill de mà

spogulītis

maquineta de rasar

skuveklis

espuma de barbejar

skūšanās putas

loció post-rasada

losjons pēc skūšanās

pinta

ķemme

raspall

matu suka

eixugador

matu fēns

laca

matu laka

maquillatge

grima komplekts

pintallavis

lūpu krāsa

esmalt d'ungles

nagulaka

cotó

vate

tallaungles

šķērītes

perfum

smaržas

estoig de bellesa

kosmētikas maks

tamboret

ķeblītis

bàscula

svari

barnús

halāts

guants de goma

tīrīšanas cimdi

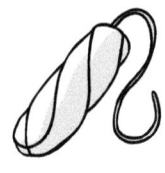

compresa higiènica

tampons

compresa

pakete

sanitari químic

ķīmiskā tualete

cambra de nen
bērnu istaba

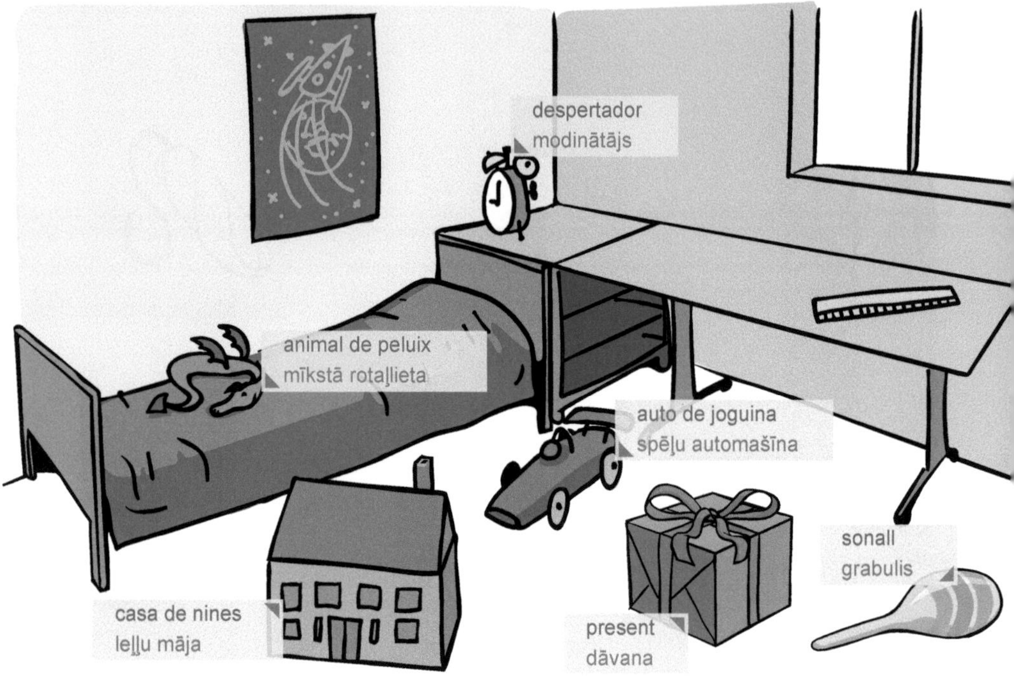
despertador
modinātājs
animal de peluix
mīkstā rotaļlieta
auto de joguina
spēļu automašīna
sonall
grabulis
casa de nines
leļļu māja
present
dāvana

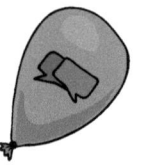

baló

balons

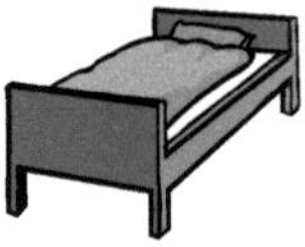

llit

gulta

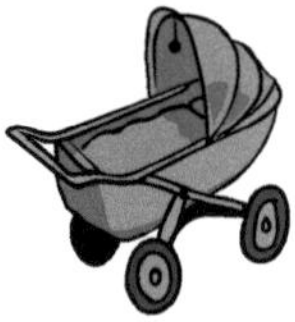

cotxet per a nens

bērnu ratiņi

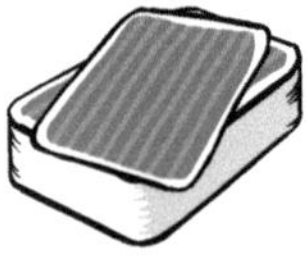

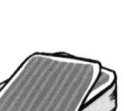

joc de cartes

kārtis

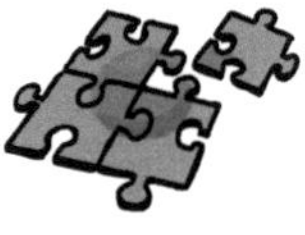

trencaclosca

puzle

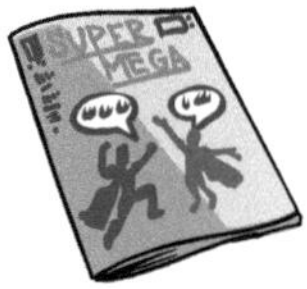

historieta

komikss

peces de lego
LEGO klucīši

peces de construcció
klucīši

ninot d'acció
varoņu figūra

granota
rāpulītis

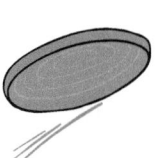

frisbee
lidojošais šķīvītis

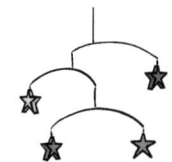

mòbil per a bressol
muzikālais karuselis

joc de taula
galda spēle

daus
metamais kauliņš

tren elèctric
rotaļu dzelzceļš

xumet
māneklis

festa
ballīte

llibre de dibuixos
bilžu grāmata

pilota
bumba

nina
lelle

jugar
spēlēt

sorrera
smilšu kaste

gronxador
šūpoles

joguines
rotaļlietas

consola de jocs de vídeo
spēļu konsole

tricicle
trīsritenis

osset de peluix
plīša lācītis

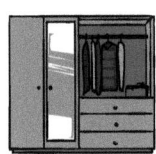

armari
drēbju skapis

roba
apģērbs

mitjons
īszeķes

mitges
zeķes

mitja pantaló
zeķbikses

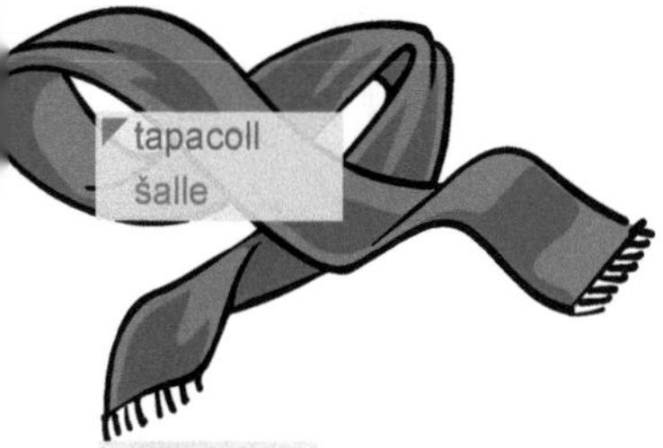

tapacoll
šalle

paraigua
lietussargs

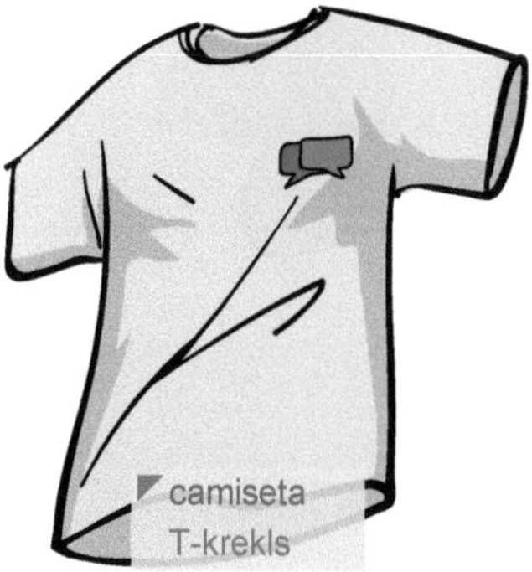

camiseta
T-krekls

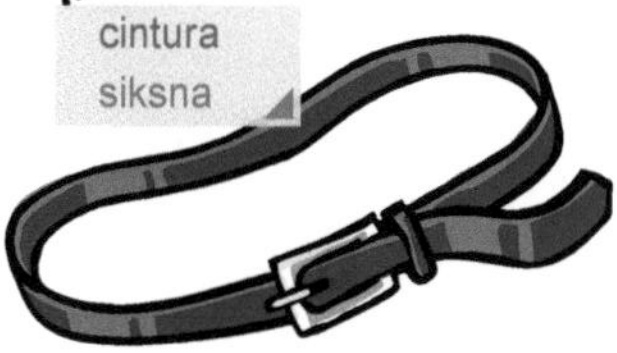

cintura
siksna

botes
zābaks

plantofes
čības

sabates d'esport
botas

sandàlies
....
sandales

sabates
....
kurpes

botes de goma
....
gumijas zābaki

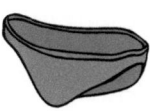

calçonets
....
apakšbikses

sostenidor
....
krūšturis

guardapits
....
apakškrekls

jjustacòs

bodijs

pantalons

bikses

jeans

džinsi

faldeta

svārki

brusa

blūze

camisa

krekls

jersei

pulovers

dessuadora

džemperis

blazer

žakete

jaqueta

jaka

mantell

mētelis

impermeable

lietus mētelis

vestit de dona

kostīms

vestit de dona

kleita

vestit de núvia

kāzu kleita

vestit d'home

uzvalks

camisa de dormir

naktskrekls

pijama

pidžama

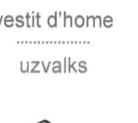

sari

sari

mocador de cap

lakats

turbant

turbāns

burca

burka

caftan

kaftāns

abaia

abaja

vestit de bany

peldkostīms

calçon(et)s de bany

peldbikses

pantalons curts

šorti

xandall

treniņtērps

davantal

priekšauts

guants

cimdi

botó

poga

ulleres

brilles

braçalet

rokassprādze

collaret

kaklarota

anell

gredzens

orellera

auskars

casquet

cepure

penjador

drēbju pakaramais

capell

platmale

corbata

kaklasaite

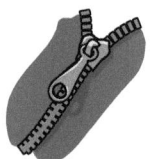

cremallera

rāvējslēdzējs

casc

ķivere

elàstics

bikšturi

uniforme escolar

skolas forma

uniforme

uniforma

pitet

priekšautiņš

xumet

māneklis

bolquer

autiņbiksītes

oficina
birojs

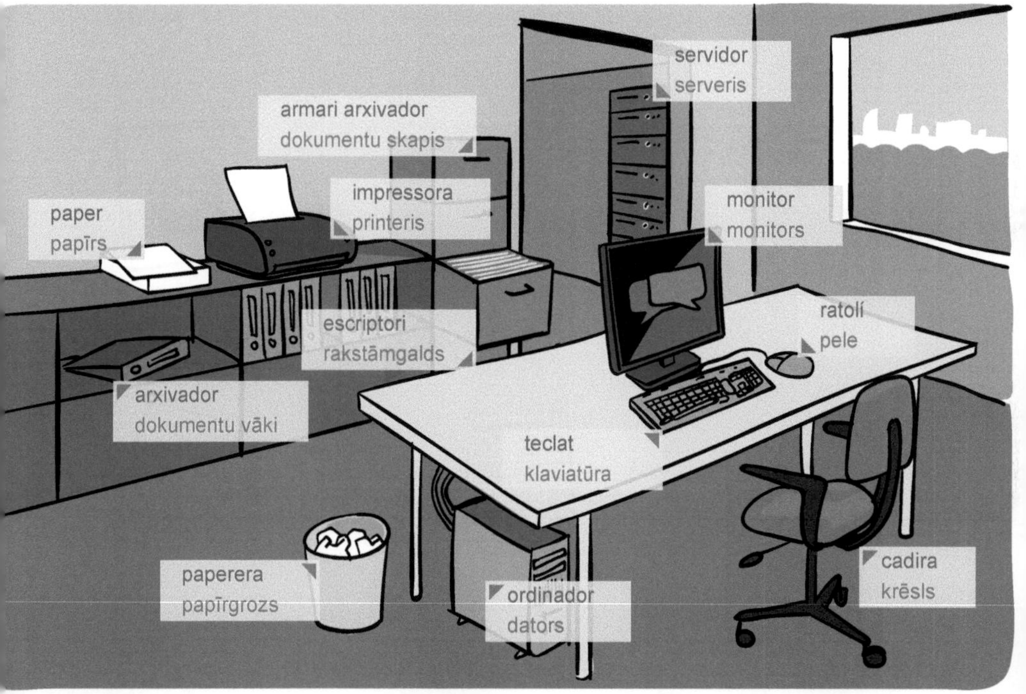

servidor
serveris

armari arxivador
dokumentu skapis

impressora
printeris

paper
papīrs

monitor
monitors

escriptori
rakstāmgalds

ratolí
pele

arxivador
dokumentu vāki

teclat
klaviatūra

paperera
papīrgrozs

ordinador
dators

cadira
krēsls

tassa de cafè

kafijas krūze

calculadora

kalkulators

Internet

internets

ordinador portàtil

portatīvais dators

lletra

vēstule

missatge

ziņa

mòbil

mobilais tālrunis

xarxa

tīkls

fotocopiadora

kopētājs

programari

programmatūra

telèfon

telefons

presa de corrent

rozete

fax

faksa aparāts

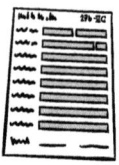

formulari

formulārs

document

dokuments

comprar

pirkt

pagar

samaksāt

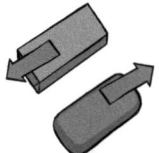

comerciar

tirgot

diners

nauda

USD

dòlar

dolārs

EUR

euro

eiro

JPY

ien

jēna

RUB

ruble

rublis

CHF

franc suís

franks

CNY

renminbi

juaņa renminbi

INR

rupia

rūpija

caixa automàtica

bankomāts

oficina de canvi
valūtas maiņas punkts

or
zelts

argent
sudrabs

petroli
nafta

energia
enerģija

preu
cena

contracte
līgums

impost
nodoklis

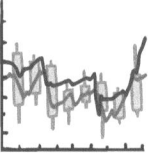
acció
akcija

treballar
strādāt

treballador
darbinieks

empresari
darba devējs

fàbrica
fabrika

botiga
veikals

oficis
profesijas

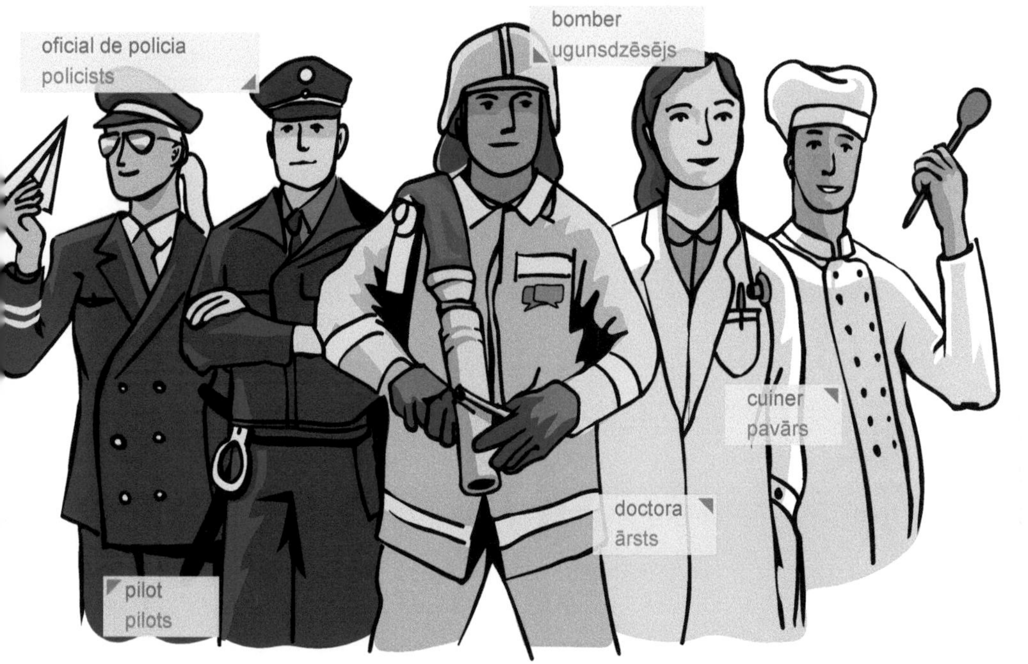
oficial de policia
policists
bomber
ugunsdzēsējs
cuiner
pavārs
doctora
ārsts
pilot
pilots

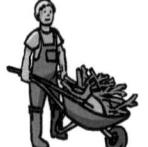

jardiner

dārznieks

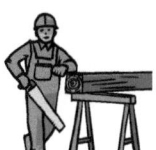

fuster

galdnieks

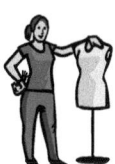

costurera

šuvēja

jutge

tiesnesis

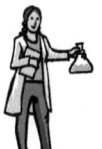

química

ķīmiķis

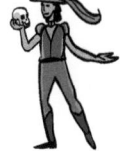

actor

aktieris

conductor d'autobús

autobusa vadītājs

taxista

taksometra vadītājs

pescador

zvejnieks

dona de la neteja

apkopēja

ensostrador

jumiķis

cambrer

viesmīlis

caçador

mednieks

pintor

gleznotājs

forner

maiznieks

electricista

elektriķis

obrer de la construcció

celtnieks

enginyer

inženieris

carnisser

miesnieks

llanterner

skārdnieks

correu

pastnieks

soldat

karavīrs

arquitecte

arhitekts

caixera

kasieris

florista

florists

perruquer

frizieris

revisor

konduktors

mecànic

mehāniķis

capità

kapteinis

dentista

zobārsts

científic

zinātnieks

rabí

rabīns

imam

imāms

monjo

mūks

capellà

mācītājs

eines
instrumenti

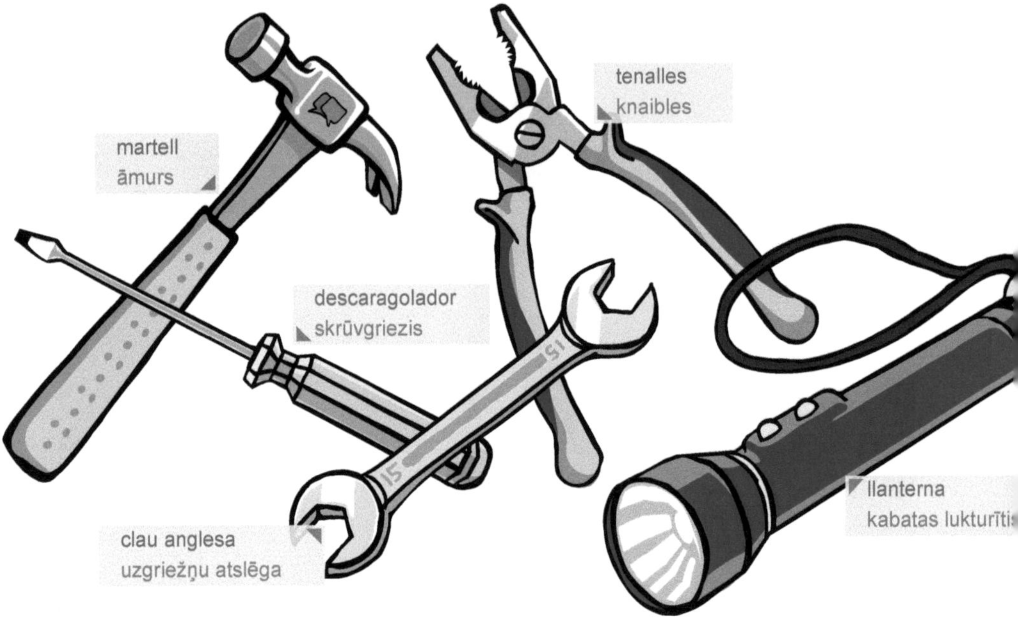
martell
āmurs
tenalles
knaibles
descaragolador
skrūvgriezis
clau anglesa
uzgriežņu atslēga
llanterna
kabatas lukturīti

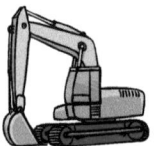

excavadora

ekskavators

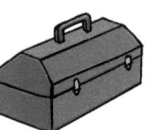

caixa d'eines

instrumentu kaste

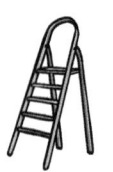

escala

kāpnes

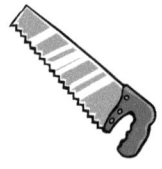

serra

zāģis

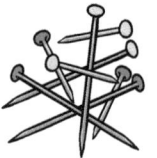

claus

naglas

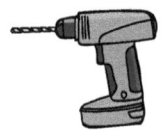

trepant

urbis

reparar

remontēt

pala

lāpsta

Maleït siga!

Velns!

pala

liekšķere

pot de pintura

krāsas bundža

caragols

skrūves

instrument de música
mūzikas instrumenti

altaveu
skaļrunis

bateria
bungas

guitarra
ģitāra

contrabaix
kontrabass

trompeta
trompete

piano

klavieres

violí

vijole

baix

bass

timbal

timpāni

tambor

bungas

teclat

digitālās klavieres

saxofon

saksofons

flauta

flauta

micròfon

mikrofons

zoo
zoologiskais dārzs

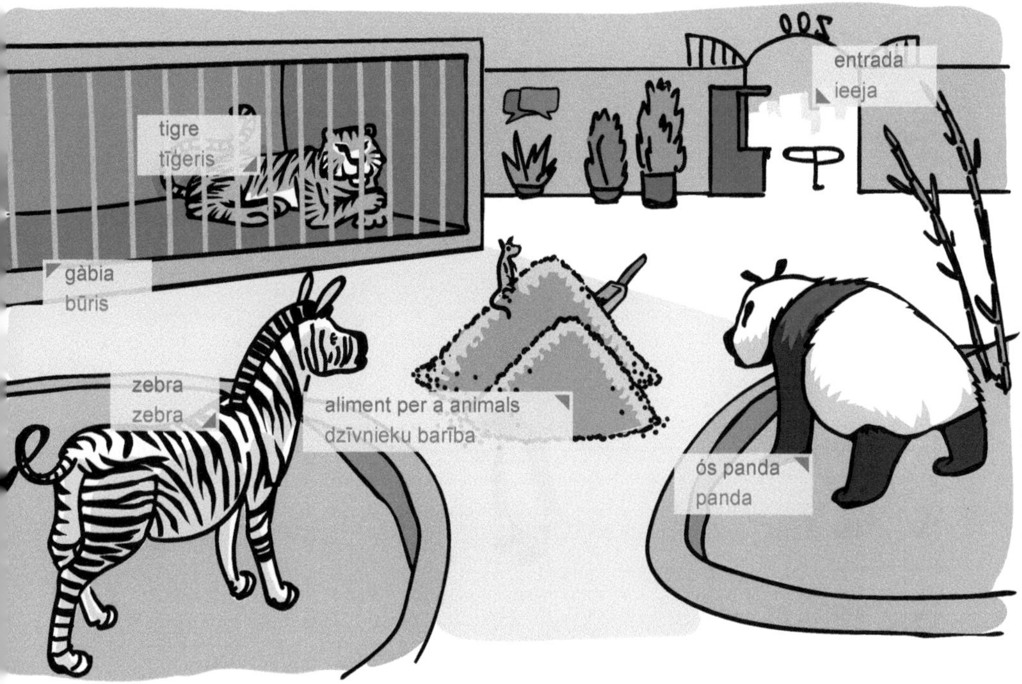
entrada
ieeja
tigre
tīgeris
gàbia
būris
zebra
zebra
aliment per a animals
dzīvnieku barība
ós panda
panda

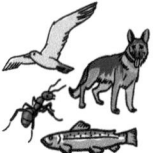

animals

dzīvnieki

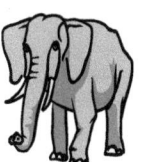

elefant

zilonis

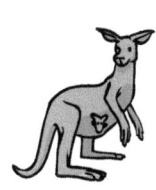

cangurú

ķengurs

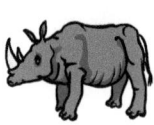

rinoceront

degunradzis

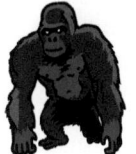

goril·la

gorilla

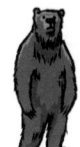

ós

lācis

camell

kamielis

estruç

strauss

lleó

lauva

simi

pērtiķis

flamenc

flamings

papagai

papagailis

ós polar

polārlācis

pingüí

pingvīns

ca mari

haizivs

paó

pāvs

serp

čūska

cocodril

krokodils

guardià del zoo

zoodārza sargs

foca

ronis

jaguar

jaguārs

zoo - zooloģiskais dārzs

poni
ponijs

lleopard
leopards

hipopòtam
nīlzirgs

girafa
žirafe

àliga
ērglis

senglar
meža cūka

peix
zivs

tortuga
bruņurupucis

morsa
valzirgs

guineu
lapsa

gasela
gazele

futbol americà
amerikāņu futbols

ciclisme
riteņbraukšana

tenis
teniss

bàsquet
basketbols

natació
peldēšana

boxa
bokss

hoquei sobre gel
hokejs

futbol americà
futbols

bàdminton
badmintons

atletisme
vieglatlētika

handbol
rokas bumba

esquí
slēpošana

polo
polo

activitats
darbības

riure
smieties
saltar
lēkt
abraçar
apskaut
anar
iet
cantar
dziedāt
somiar
sapņot
pregar
lūgt
fer un petó
skūpstīt

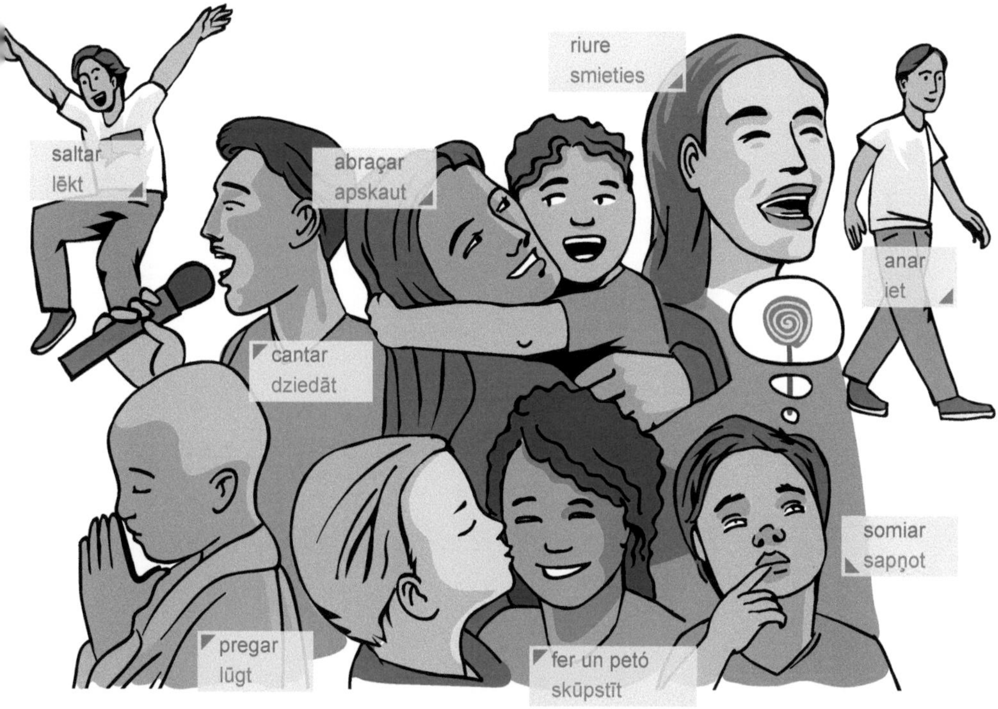

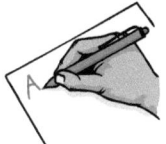

escriure
rakstīt

dibuixar
zīmēt

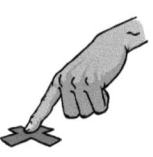

mostrar
rādīt

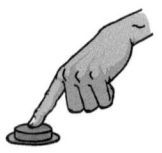

pitjar
spiest

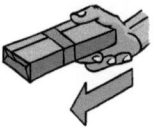

donar
dot

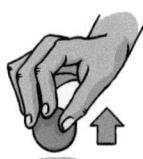

prendre
ņemt

tenir
....
būt

fer
....
darīt

ésser
....
būt

estar dret
....
stāvēt

córrer
....
skriet

estirar
....
vilkt

llançar
....
mest

caure
....
krist

jeure
....
gulēt

esperar
....
gaidīt

portar
....
nest

asseure's
....
sēdēt

vestir-se
....
uzģērbt

dormir
....
gulēt

despertar-se
....
pamosties

mirar

skatīties

plorar

raudāt

amoixar

glāstīt

pentinar

ķemmēt

parlar

runāt

comprendre

saprast

demanar

jautāt

escoltar

dzirdēt

beure

dzert

menjar

ēst

endreçar

sakārtot

estimar

mīlēt

cuinar

vārīt

conduir

braukt

volar

lidot

activitats - darbības

navegar

burot

calcular

rēķināt

llegir

lasīt

aprendre

mācīties

treballar

strādāt

casar-se

precēties

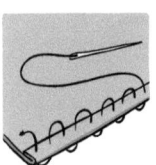

cosir

šūt

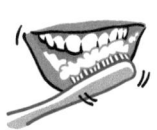

raspallar-se les dents

tīrīt zobus

matar

nogalināt

fumar

smēķēt

enviar

sūtīt

activitats - darbības

àvia
vecāmāte

avi
vectēvs

pare
tēvs

mare
māte

nadó
mazulis

filla
meita

fill
dēls

convidat

viesis

tia

tante

oncle

onkulis

germà

brālis

germana

māsa

cos
ķermenis

front
piere
ull
acs
espatlla
plecs
dit
pirksts
cara
seja
barbeta
zods
mà
roka
cama
kāja
pit
krūtis
braç
roka

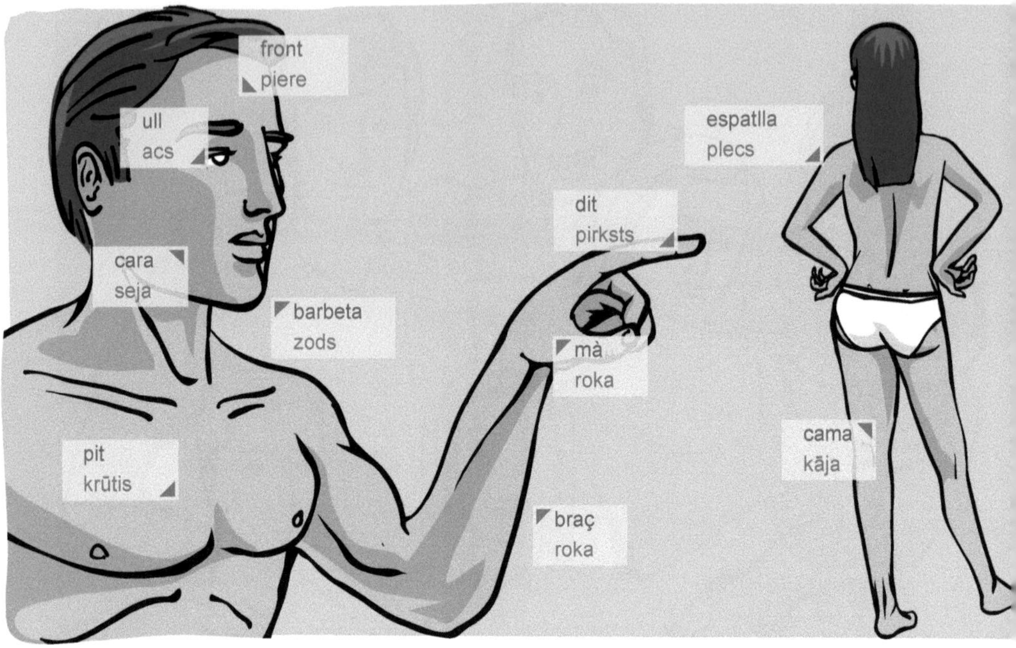

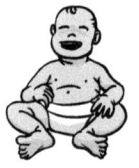

nadó

mazulis

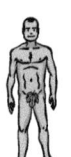

home

vīrietis

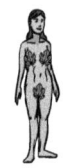

dona

sieviete

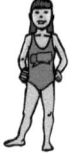

noia

meitene

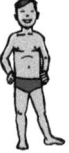

noi

zēns

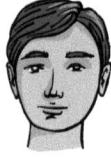

cap

galva

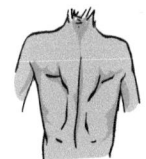

esquena
mugura

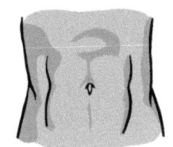

panxa
vēders

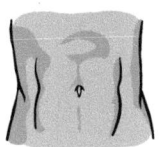

melic
naba

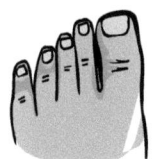

dit gros del peu
kājas pirksts

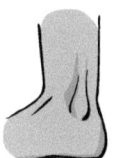

taló
papēdis

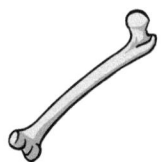

os
kauls

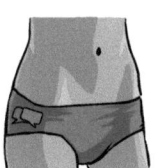

maluc
gurns

genoll
celis

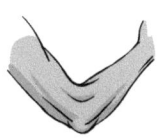

colze
elkonis

nas
deguns

cul
dibens

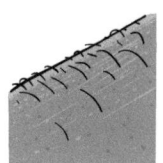

pell
āda

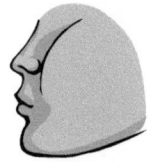

galta
vaigs

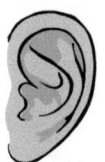

orella
auss

llavi
lūpa

boca

mute

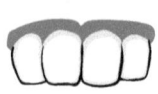

dent

zobs

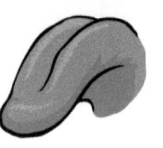

llengua

mēle

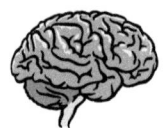

cervell

smadzenes

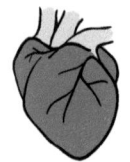

cor

sirds

múscul

muskulis

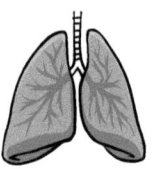

pulmó

plaušas

fetge

aknas

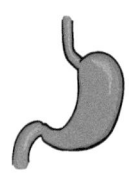

estómac

kuņģis

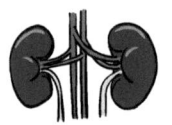

ronyó

nieres

relació sexual

dzimumakts

preservatiu

kondoms

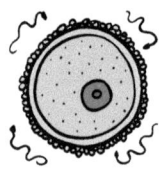

ovari

olšūna

semen

sperma

prenyat

grūtniecība

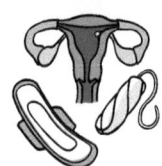

menstruació
menstruācijas

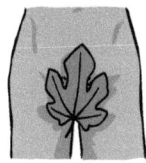

vagina
vagīna

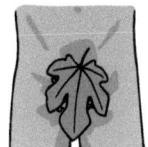

penis
penis

cella
uzacs

cabells
mati

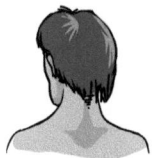

coll
kakls

hospital
slimnīca

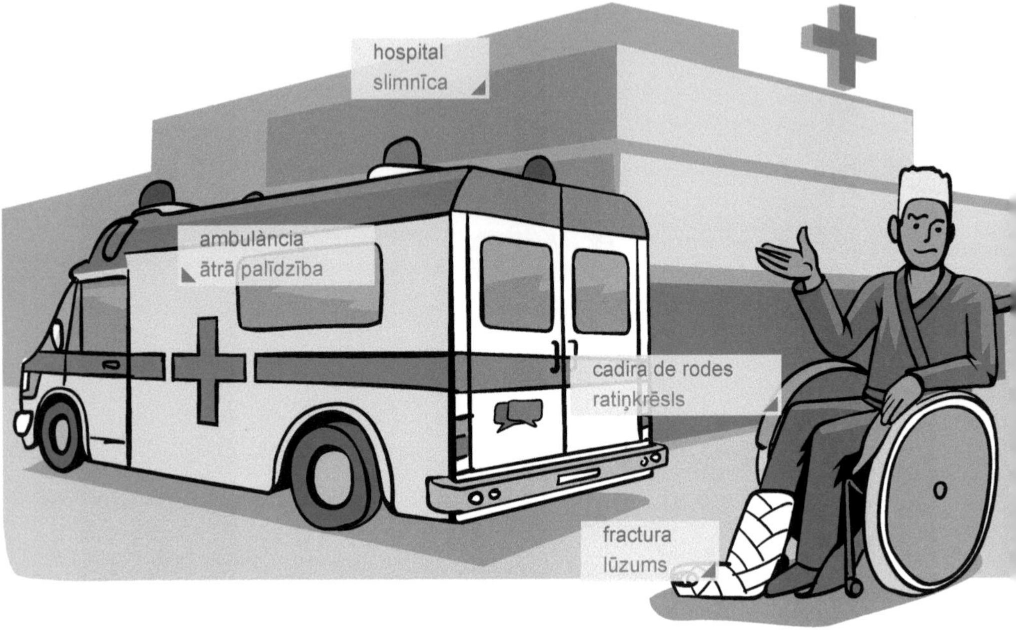

hospital
slimnīca
ambulància
ātrā palīdzība
cadira de rodes
ratiņkrēsls
fractura
lūzums

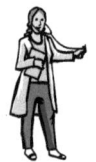

doctora

ārsts

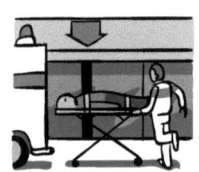

sala d'urgències

neatliekamās palīdzības nodaļa

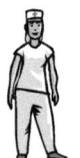

infermera

medmāsa

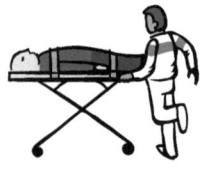

urgència

ārkārtas gadījums

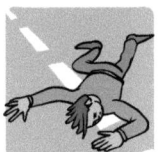

inconscient

paģībis

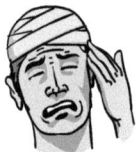

dolor

sāpes

ferida

ievainojums

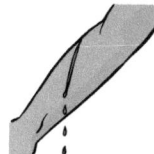

sagnament

asiņošana

atac de cor

sirdslēkme

apoplexia

insults

al·lèrgia

alerģija

tos

klepus

febre

temperatūra

gripa

gripa

diarrea

caureja

mal de cap

galvassāpes

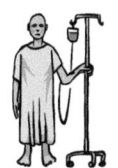

càncer

vēzis

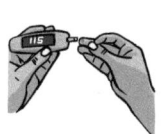

diabetis

diabēts

cirurgià

ķirurgs

escalpel

skalpelis

operació

operācija

tomografia computada (TC), TAC

datortomogrāfija

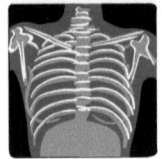

raigs x

rentgents

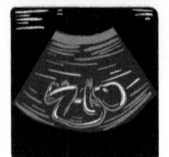

ultrasò

ultraskaņa

mascareta

sejas maska

malaltia

slimība

sala d'espera

uzgaidāmā telpa

crossa

kruķis

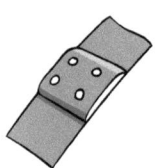

tireta

plāksteris

embenat

apsējs

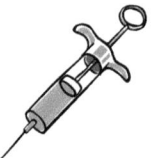

injecció

injekcija

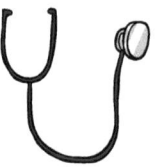

estetoscopi

stetoskops

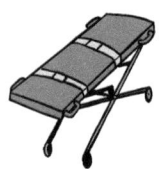

llitera

nestuves

termòmetre clínic

termometrs

pariment

dzemdības

sobrepès

liekais svars

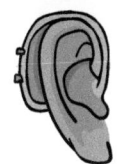

aparell auditiu

dzirdes aparāts

desinfectant

dezinfekcijas līdzeklis

infecció

infekcija

virus

vīruss

VIH / SIDA

HIV / AIDS

medicina

zāles

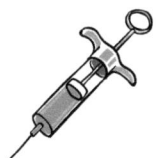

vaccí

pote

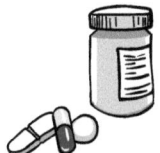

comprimits

tabletes

píl·lola

pretapaugļošanās tablete

trucada d'urgència

ārkārtas izsaukums

tensiòmetre

asinsspiediena mērītājs

malalt / sà

slims / vesels

Socors!

Palīgā!

alarma

trauksme

assalt

uzbrukums

atac

uzbrukums

perill

bīstamība

sortida-eixida d'urgència

avārijas izeja

Foc!

Uguns!

extintor

ugunsdzēšamais aparāts

accident

negadījums

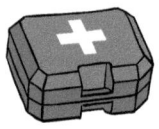

farmaciola de primers
auxilis

pirmās palīdzības aptieciņa

SOS

SOS

policia

policija

Europa

Eiropa

Amèrica del Nord

Ziemeļamerika

Amèrica del Sud

Dienvidamerika

Àfrica

Āfrika

Àsia

Āzija

Austràlia

Austrālija

Atlàntic

Atlantijas okeāns

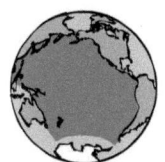

Pacífic

Klusais okeāns

Oceà Índic

Indijas okeāns

Oceà Antàrtic

Dienvidu okeāns

Oceà Àrtic

Ziemeļu ledus okeāns

pol nord

Ziemeļpols

pol sud
Dienvidpols

Antàrtida
Antarktika

terra
zeme

país
zeme

mar
jūra

illa
sala

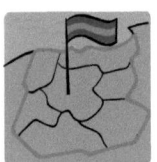

nació
nācija

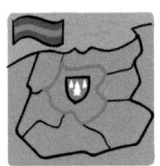

estat
valsts

quadrant

ciparnīca

agulla de les hores

stundu rādītājs

agulla dels minuts

minūšu rādītājs

agulla dels segons

sekunžu rādītājs

Quina hora és?

Cik ir pulkstenis?

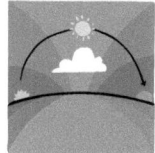

dia

diena

temps

laiks

ara

tagad

rellotge digital

digitālais pulkstenis

minut

minūte

hora

stunda

setmana
nedēļa

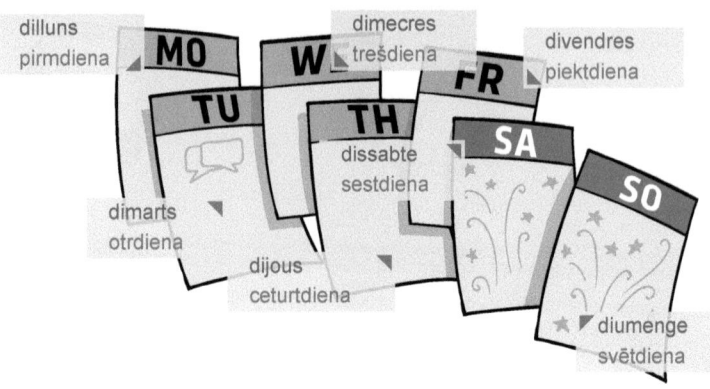

dilluns
pirmdiena

MO

dimarts
otrdiena

TU

W trešdiena
dimecres

dijous
ceturtdiena

TH

dissabte
sestdiena

SA

FR piektdiena
divendres

SO

diumenge
svētdiena

ahir

vakardien

avui

šodien

demà

rītdien

matí

rīts

migdia

pusdienlaiks

tarda

vakars

MO	TU	WE	TH	FR	SA	SU
1	2	3	4	5	6	7
8	9	10	11	12	13	14
15	16	17	18	19	20	21
22	23	24	25	26	27	28
29	30	31	1	2	3	4

dia feiner

darbadienas

MO	TU	WE	TH	FR	SA	SU
1	2	3	4	5	6	7
8	9	10	11	12	13	14
15	16	17	18	19	20	21
22	23	24	25	26	27	28
29	30	31	1	2	3	4

cap de setmana

brīvdienas

any
gads

pluja
lietus
arc de Sant Martí
varavīksne
neu
sniegs
vent
vējš
primavera
pavasaris
tardor
rudens
estiu
vasara
hivern
ziema

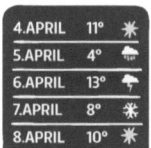

4.APRIL 11°
5.APRIL 4°
6.APRIL 13°
7.APRIL 8°
8.APRIL 10°

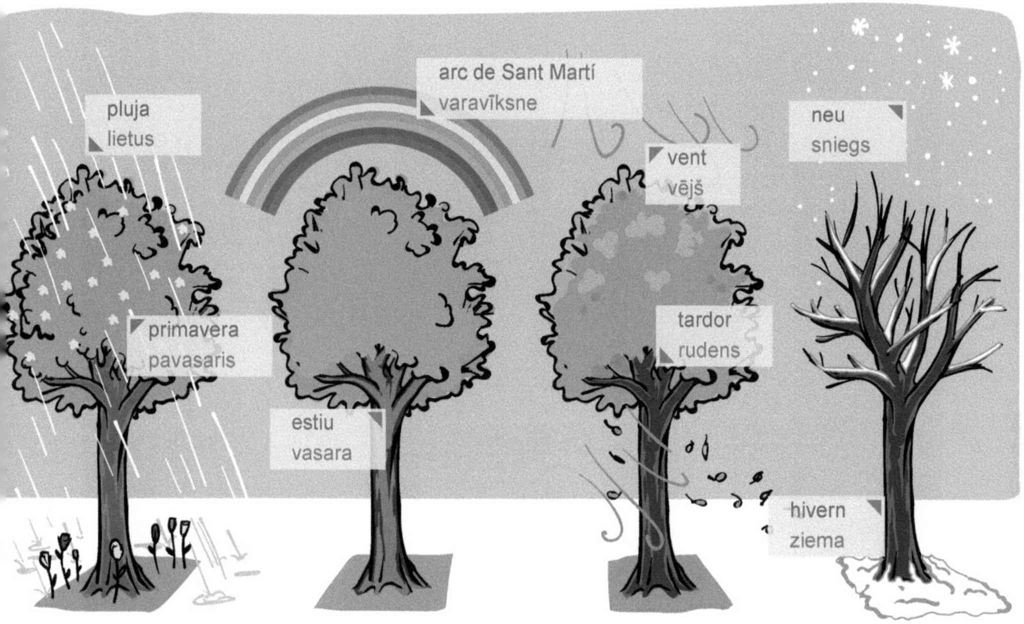

pronòstic del temps

laika prognoze

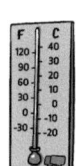

termòmetre

termometrs

llum del sol

saules gaisma

núvol

mākonis

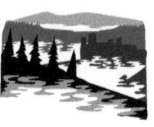

boira

migla

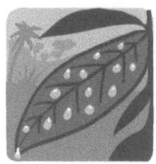

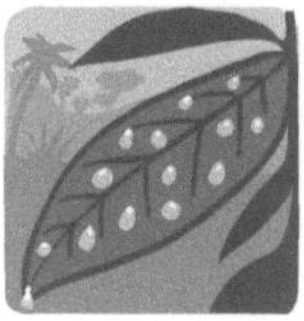

humiditat de l'aire

gaisa mitrums

llamp
zibens

tro
pērkons

tempesta
vētra

calamarsa
krusa

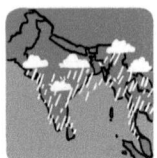

monsó
musons

inundació
plūdi

gel
ledus

gener
janvāris

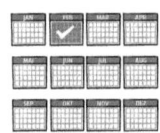

febrer
februāris

març
marts

abril
aprīlis

maig
maijs

juny
jūnijs

juliol
jūlijs

agost
augusts

any - gads

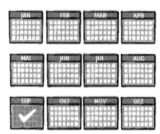

setembre
....
septembris

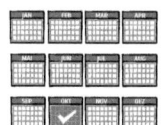

octubre
....
oktobris

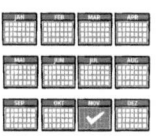

novembre
....
novembris

desembre
....
decembris

formes
formas

cercle
....
aplis

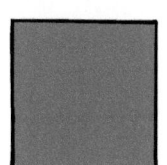

quadrat
....
kvadrāts

rectangle
....
četrstūris

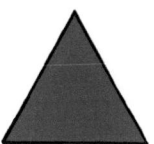

triangle
....
trīsstūris

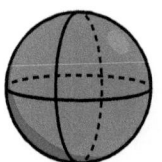

esfera
....
lode

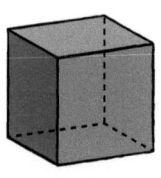

cub
....
kubs

blanc

balts

groc

dzeltens

taronja

oranžs

rosa

sārts

vermell

sarkans

lila

lillā

blau

zils

verd

zaļš

marró

brūns

gris

pelēks

negre

melns

molt / poc

daudz / maz

emprenyat / tranquil

saniknots / miermīlīgs

bonic / lleig

skaists / neglīts

començament / fi

sākums / beigas

gran / petit

liels / mazs

clar / fosc

gaišs / tumšs

germà / germana

brālis / māsa

net / brut

tīrs / netīrs

complet / incomplet

pilnīgs / nepilnīgs

dia / nit

diena / nakts

mort / viu

miris / dzīvs

ample / estret

plats / šaurs

comestible / immenjable

baudāms / nebaudāms

dolent / amable

nikns / laipns

entusiasmat / entediat

satraukts / garlaikots

gros / prim

resns / tievs

primer / darrer

pirmais /pēdējais

amic / enemic

draugs / ienaidnieks

ple / buit

pilns / tukšs

dur / tou

ciets / mīksts

pesant / lleuger

smags / viegls

gana / set

izsalkums / slāpes

malalt / sà

slims / vesels

il·legal / legal

nelegāls / legāls

intel·ligent / ximple

inteliģents / dumjš

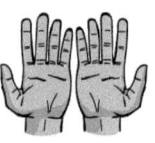

esquerra / dreta

kreisais / labais

prop / llunyà

tuvu / tālu

nou / usat

jauns / lietots

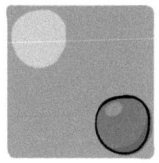

res / quelcom

nekas / kaut kas

vell / jove

vecs / jauns

encès / apagat

ieslēgts / izslēgts

obert / tancat

atvērts / slēgts

silenciós / sorollós

kluss / skaļš

ric / pobre

bagāts / nabags

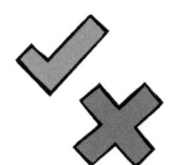

correcte / incorrecte

pareizi / nepareizi

aspre / suau

raupjš / gluds

trist / content

noskumis / laimīgs

curt / llarg

īss / garš

lent / ràpid

lēns / ātrs

humit / sec - eixut

slapjš / sauss

calent / fred

silts / vēss

guerra / pau

karš / miers

oposats - pretstati

skaitļi

0

zero

nulle

1

u

viens

2

dos

divi

3

tres

trīs

4

quatre

četri

5

cinc

pieci

6

sis

seši

7

set

septiņi

8

vuit

astoņi

9

nou

deviņi

10

deu

desmit

11

onze

vienpadsmit

12
dotze
divpadsmit

13
tretze
trīspadsmit

14
catorze
četrpadsmit

15
quinze
piecpadsmit

16
setze
sešpadsmit

17
disset
septiņpadsmit

18
divuit
astoņpadsmit

19
dinou
deviņpadsmit

20
vint
divdesmit

100
cent
simts

1.000
mil
tūkstotis

1.000.000
milió
miljons

anglès

angļu

anglès americà

amerikāņu angļu

xinès mandarí

ķīniešu mandarīnu valoda

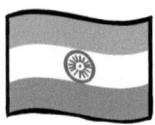

hindi

hindi

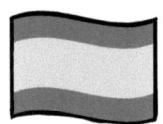

espanyol

spāņu

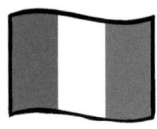

francès

franču

àrab

arābu

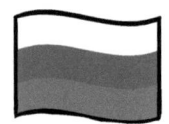

rus

krievu

portuguès

portugāļu

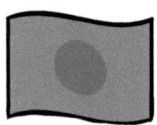

bengalí

bengāļu

alemany

vācu

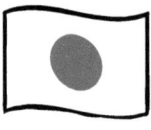

japonès

japāņu

jo
es

tu
tu

ell / ella / allò
viņš / viņa

nosaltres
mēs

vosaltres
jūs

ells
viņi / viņas

qui?
kas?

què?
ko?

com?
kā?

on?
kur?

quan?
kad?

nom
vārds

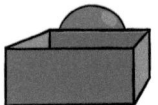

darrere

aiz

en

iekšā

davant de

priekšā

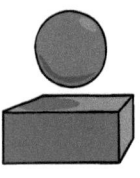

damunt

virs

sobre

uz

sota

zem

al costat

blakus

entre

starp

lloc

vieta